Huertos de coral

Antología de poesía

Alma Flor Ada
Francisca Isabel Campoy

Harcourt Brace & Company

Orlando Atlanta Austin Boston San Francisco Chicago Dallas New York Toronto London

A Pili, Diego y Vicente porque siempre me prestaron sus lápices de colores.
F.I.C.
Y por continuar compartiendo mediodías y atardeceres.
A.F.A.

Cover Illustration: José Antonio Hernández Amezcu

Copyright © by Alma Flor Ada and Isabel Campoy

All rights reserved. No part of this publication may be reproduced or transmitted in any form or by any means, electronic or mechanical, including photocopy, recording, or any information storage and retrieval system, without permission in writing from the publisher.

Requests for permission to make copies of any part of the work should be mailed to: Permissions Department, Harcourt Brace & Company, 6277 Sea Harbor Drive, Orlando, Florida 32887-6777.

HARCOURT BRACE and Quill Design is a registered trademark of Harcourt Brace & Company.

For permission to reprint copyrighted material, grateful acknowledgment is made to the following sources:

Acevedo-Feliciano Family: "Cielo marinero" from *Coquí* by Ester Feliciano Mendoza. Text © 1982 by Universidad de Puerto Rico.

Agencia Literaria Latinoamericana: "Arrepentimiento," "Sinfín," and "Barco" from *Juegos y otros poemas* by Mirta Aguirre. Text copyright 1974. Published by Editorial Gente Nueva. "Vaquera" from *La flauta de chocolate* by Dora Alonso. Published by Editorial Gente Nueva. "Cantar a las islas del Caribe" from *Cantares de la America Latina y el Caribe* by Julia Calzadilla. Published by Casa de las Americas. "Mi casa" and "Canción de la lluvia" from *Caminito del monte* by David Chericián. Published by Editorial Gente Nueva. "El arroyo," "Poder," and "La gota de rocío" from *Y dice una mariposa* by Emilia Gallego. Text © 1983 by Emilia Gallego Alfonso.

Elsa Bornemann: "Un día, una brújula" from *Poemas para niños* by Elsa Bornemann. Text © by Editorial Latina, S.A. "Cuentico bóbico para una nénica aburrídica" from *Poesía* by Elsa Bornemann. Text copyright © 1976 by Editorial Latina, S.A.

CELTA Amaquemecan S.A. de C.V.: "¡Que cante, que cante!" and "¿Te lo cuanto al revés?" from *¿Te canto un cuento?* by Antonio Ramírez Granados. Text © 1985 by Consejo Nacional de Fomento Educativo.

CIDCLI, S.C.: "Aprovechando el espacio" by Marco Antonio Montes de Oca from *La Luciérnaga* by Francisco Serrano. Copyright © by CIDCLI, S.C. "Vuelo de voces" by Carlos Pellicer from *La Luciérnaga* by Francisco Serrano. Copyright © by CIDCLI, S.C.

Ediciones de la Torre: "La cuna" from *Gabriela Mistral para niños* by Gabriela Mistral. Text © by Inheritors of Gabriela Mistral and Ediciones de la Torre. "El agua que está en la alberca" from *Pedro Salinas para niños* by Pedro Salinas. Text © by Inheritors of Pedro Salinas and Ediciones de la Torre.

Editorial Costa Rica: "El color de los sueños" from *El color de los sueños* by Floria Jiménez. Text © by Floria Jiménez and Editorial Costa Rica. "Camino" by Carlos Luis Sáenz from *Poemas para niños - antología* by Fernando Lujan. Text © by Fernando Lujan and Editorial Costa Rica.

Editorial Escuela Española, S.A.: "Jugar a saber" from *Píopío Lope* by Gloria Fuertes. Published by Editorial Escuela Española, S.A. "Como se dibuja un gato" from *La oca loca* by Gloria Fuertes. Published by Editorial Escuela Española, S.A.

Editorial Juventud, S.A.: "El sol es de oro" by Salvador de Madriaga from *El sol, la luna, y las estrellas*. Text © 1954, 1974 by Editorial Juventud, S.A.

Editorial Labor, S.A.: "Canto, rio, con tus aguas" and "Yo sé que tiene alas" from *¡Aire, que me lleva el aire!* by Rafael Alberti. Text © 1983 by Editorial Labor.

Editorial Latina, S.A.: "Lavando nubes" by Alfredo Mario Ferreiro, "La plaza tiene una torre" by Antonio Machado, "Ya viene el agua por la sabana" by Alberto Ordóñez, "El gallo de las veletas" by Ricardo E. Pose, and "El río" by Cesáreo Rosa-Nieves from *Poesía* by Elsa Bornemann. Text copyright © 1976 by Editorial Latina, S.A. "Limonero" from *Poemas para niños* by Pedro Juan Vignale. Text © by Editorial Latina, S.A. All rights reserved.

Editorial Piedra Santa: "Umbral" by Arturo Capdevilla and "Caminante" by Antonio Machado from *Poemas escogidos para niños* by Francisco Morales Santos. Text © 1987 by Francisco Morales Santos and Editorial Piedra Santa.

Editorial Planeta Argentina S.A.I.C.: "El Reino del Revés" from *El Reino del Revés* by María Elena Walsh. Text copyright 1994 by María Elena Walsh and Cía Editora Espasa Calpe Argentina. "¿Quién?" and "El pez tejedor" from *Tutú Marambá* by María Elena Walsh. Text copyright 1994 by María Elena Walsh and Cía Editora Espasa Calpe Argentina.

Jaime Ferrán: "La trompeta y la tuba" from *Cuaderno de música* by Jaime Ferrán. Text © 1983 by Jaime Ferrán. "La jirafa" from *Mañana de parque* by Jaime Ferrán. Text © 1972 by Jaime Ferrán.

Instituto de Cultura Puertorriqueña: "Cantata por la paz" by Rafael Alberti, "Los pescadores" by Juan Bautista Grosso, "Viento Ligero" by Ida Réboli, and "Mi caballo" by Antonio Bórquez Solar from *La poesía y el niño* by Isabel Freire de Matos. Text © 1993 by Instituto de Cultura Puertorriqueña.

Herederos de Juan Ramón Jiménez: "A la rosa" and "Azules" from *Poesía en prosa y verso* by Juan Ramón Jiménez. Published by Aguilar S.A. de Ediciones. "Pastoral," "Este espanto," and "Rosa, pompa, risa" from *Canta pájaro lejano* by Juan Ramón Jiménez. Text © by Herederos de Juan Ramón Jiménez. "Novia del campo, amapola" by Juan Ramón Jiménez from *Poesía* by Elsa Bornemann. Published by Editorial Latina, S.A.

María Hortensia Lacau: "Cuidado con mi tijera" from *País de Silvia* by María Hortensia Lacau. Published by Editorial Kapelusz S.A., Buenos Aires.

Lóquez Ediciones, Salamanca, Spain: "La montaña" from *Isla de rojo coral* by Nicolás Guillén. Text © 1980 by Nicolás Guillén.

Elías Nandino: "Derecho de propiedad" by Elías Nandino from *Costal de versos y cuentos*. Text © by Consejo Nacional de Fomento Educativo.

La Orden Franciscana de Chile: "Dame la mano" from *Poesía infantil* by Gabriela Mistral. Text © by Gabriela Mistral.

Octavio Paz: "La exclamación" by Octavio Paz from *Costal de versos y cuentos*. Published by Consejo Nacional de Fomento Educativo.

Gilda Rincón Orta: "La matraca traca" and "Pájaro carpintero" by Gilda Rincón Orta from *Costal de versos y cuentos*. Text © by Consejo Nacional de Fomento Educativo.

Marina Romero: "Gallo" from *Alegrias* by Marina Romero. Text © 1972 by Marina Romero and Ediciones Anaya, S.A. "Ratón" and "Tres peces" from *Campanillas del aire* by Marina Romero. Text © by Marina Romero.

Argentina Darío Salgado: "Vesperal" from *Poema del otoño* by Ruben Dario. Published by Editorial Espasa-Calpe, S.A.

Sociedad General de Autores de España: "Pregon" by Rafael Alberti from *El mundo de los niños*. Published by Salvat Editores, S.A.

Susaeta Ediciones S.A.: "El niño hortelano," "Niños y pájaros," "Al agua por el agua," "Don Quijote," and "Si yo tuviera un caballo" from *En la rueda del viento* by Concha Lagos. Text © 1985 by Editorial Miñón.

Every effort has been made to locate the copyright holders for the selections in this work. The publisher would be pleased to receive information that would allow the correction of any omissions in future printings.

Printed in the United States of America

ISBN 0-15-307030-7

4 5 6 7 8 9 10   139   99 98 97

Bienvenida

¿Has sentido alguna vez
la necesidad de tocar
las profundidades del mar?
Si lo has hecho ya sabrás
que allí se esconden
hermosos huertos de coral,
donde habitan sirenas, ballenas
y lunas llenas,
todas dignas de explorar.

Este libro es un poco de todo eso
para que aprendas a bucear
por entre las palabras más bellas
y que aprendas de todas ellas
a vivir con sensibilidad.

Busca en el fondo de tu alma
tu propio huerto de coral
y luego descríbeselo a alguien
a quien tú quieras amar.

DEL YO Y LOS OTROS

- **9** Derecho de propiedad
  Elías Nandino
- **10** La matraca traca
  Gilda Rincón
- **11** Del África nos trajeron
  Alma Flor Ada
- **12** El Sol es de oro
  Salvador de Madariaga
- **14** Dame la mano
  Gabriela Mistral
- **16** ¿Quién?
  María Elena Walsh
- **17** La cuna
  Gabriela Mistral
- **18** Umbral
  Arturo Capdevilla
- **20** Ratón
  Marina Romero
- **22** Ya viene el agua por la sabana
  Alberto Ordóñez
- **24** Novia del campo, amapola
  Juan Ramón Jiménez

OTROS CAMINOS

- **26** Horizonte
  Alma Flor Ada
- **28** Caminante
  Antonio Machado
- **29** Mi niña se fue a la mar…
  Federico García Lorca
- **30** Gallo
  Marina Romero
- **32** Ronda
  Alma Flor Ada
- **34** Tres peces
  Marina Romero
- **35** Camino
  Carlos Luis Sáenz
- **36** Yo sé que tiene alas
  Rafael Alberti
- **38** Calavera de azúcar
  Antonio Ramírez Granado
- **39** Cantar a las islas del Caribe
  Julia Calzadilla
- **40** El niño hortelano
  Concha Lagos
- **42** El gallo de las veletas
  Ricardo E. Pose
- **45** Pregón
  Rafael Alberti
- **46** Iremos a la montaña
  Alfonsina Storni
- **47** La plaza tiene una torre
  Antonio Machado

ASÍ SOY

48 Vaquera
Dora Alonso

50 Niños y pájaros
Concha Lagos

52 Mi casa
David Chericián

53 Galán
Federico García Lorca

54 Canto, río, con tus aguas
Rafael Alberti

56 Pastoral
Juan Ramón Jiménez

57 Si yo tuviera un caballo
Concha Lagos

58 A la rosa
Juan Ramón Jiménez

59 Este espanto
Juan Ramón Jiménez

60 Aprovechando el espacio
Marco Antonio Montes de Oca

61 El pez tejedor
María Elena Walsh

62 ¿Te lo cuento al revés?
Antonio Ramírez Granados

63 Barco
Mirta Aguirre

MÁS ALLÁ DEL HORIZONTE

65 Poder
Emilia Gallego

66 Azules
Juan Ramón Jiménez

67 Cuidado con mi tijera
María Hortensia Lacau

68 La montaña
Nicolás Guillén

69 Jugar a saber
Gloria Fuertes

70 Cuéntico bóbico para una nénica aburrídica
Elsa Isabel Bornemann

72 La trompeta y la tuba
Jaime Ferrán

74 El color de los sueños
Floria Jiménez

77 ¡Que cante, que cante!
Antonio Ramírez Granados

78 El Reino del Revés
María Elena Walsh

80 Cantata por la paz
Rafael Alberti

81 Vesperal
Rubén Darío

82 Cómo se dibuja un gato
Gloria Fuertes

NUEVOS PAISAJES

85 La exclamación
Octavio Paz
86 Pájaro carpintero
Gilda Rincón
87 Canción de la lluvia
David Chericián
88 El arroyo
Emilia Gallego
89 Viento ligero
Ida Réboli
90 Las semillas mágicas
Alma Flor Ada
97 Chirrido de la cigarra
Alma Flor Ada
98 El agua que está en la alberca
Pedro Salinas
99 El río
Cesáreo Rosa-Nieves
100 La jirafa
Jaime Ferrán
101 Cielo marinero
Ester Feliciano Mendoza
102 Mi caballo
Antonio Bórquez Solar

OTRAS EXPRESIONES

105 Don Quijote
Concha Lagos
107 Lavando nubes
Alfredo Mario Ferreiro
108 La gota de rocío
Emilia Gallego
110 La niña de Guatemala
José Martí
112 Los pescadores
Juan Bautista Grosso
113 Vuelo de voces
Carlos Pellicer
114 Limonero
Pedro Juan Vignale
115 Sinfín
Mirta Aguirre
116 Al agua por el agua
Concha Lagos
117 Arrepentimiento
Mirta Aguirre
118 Un día una brújula …
Elsa Isabel Bornemann
119 Rosa, pompa, risa
Juan Ramón Jiménez
120 Cenicienta
Alma Flor Ada

DEL YO Y LOS OTROS
ILUSTRACIONES DE DIEGO ECHEAGARAY

Derecho de propiedad
Elías Nandino

¡Nada es tan mío
como el mar
cuando lo miro!

La matraca traca

Gilda Rincón

Los días de feria
la matraca traca
por todas las calles
hace su alharaca,

loca chachalaca
cacaraqueadora,
dispara su risa
de ametralladora,

se suelta tronando,
de risa se ataca,
se desempaqueta,
se desempetaca,

que se desternilla,
de risa se mata,
que se descuaderna,
que se desbarata,

parladora boca,
pelada carraca
que el ruido mastica
y el eco machaca,

su seco palique
con nada se aplaca,
cotorra de porra,
curruca y urraca,

rehilete loco,
dentada maraca,
entre triquitraques
la matraca traca.

Del África nos trajeron

Alma Flor Ada

Del África nos trajeron,
nos trajeron como esclavos
y con el trabajo hicimos
la fortuna de los amos.

Nunca debe separarnos
nuestro distinto color.
El sentir es lo que vale
y lo que une es el amor.

El Sol es de oro

Salvador de Madariaga

El Sol es de oro;
La Luna, de plata;
Y las estrellitas,
De hoja de lata.
Vino un gran platero,
Que quiso comprarlas:
—¿Cuánto das por ellas?
—Mil onzas labradas.
—Para tantas joyas,
Es poco dinero.
Vete con tus onzas,
Mísero platero.
El Sol es de oro;
La Luna, de plata;
Y las estrellitas,
De hoja de lata.
Vino un jardinero,
Que quiso comprarlas.
—¿Cuánto das por ellas?
—Mil rosas de Arabia.
—Para tantas joyas,
Tus rosas son pocas.
Vete, jardinero,
Vete con tus rosas.

El Sol es de oro;
La Luna, de plata;
Y las estrellitas,
De hoja de lata.
Vino una doncella:
Tez de terciopelo,
Los ojos azules
Como otros dos cielos.
—Doncella preciosa,
¿Cuánto das por ellas?
—Con sólo mirarlas,
Me quedo con ellas.—
Mientras lo decía,
Miró al firmamento:
Y Sol, Luna, estrellas,
Y hasta los luceros,
Tomando sus ojos
Por otros dos cielos,
Radiantes de gozo
Se metieron dentro.
El Sol es de oro;
La Luna, de plata;
Y las estrellitas,
De hoja de lata.

Dame la mano

Gabriela Mistral

Dame la mano y danzaremos;
dame la mano y me amarás.
Como una sola flor seremos,
como una flor, y nada más . . .

El mismo verso cantaremos,
al mismo paso bailarás.
Como una espiga ondularemos,
como una espiga, y nada más.

Te llamas Rosa y yo Esperanza;
pero tu nombre olvidarás,
porque seremos una danza
en la colina, y nada más.

¿Quién?

María Elena Walsh

¿Quién pinta, quién pinta
la flor con rocío
y el cielo con tinta?

¿A quién se le pierde
encima del árbol
su pintura verde?

¿Quién mueve, quién mueve
la cola del viento
y la de la nieve?

¿Quién marcha, quién marcha
con gorro de nube,
con capa de escarcha?

La cuna

Gabriela Mistral

CARPINTERO, carpintero,
haz la cuna de mi infante.

Corta, corta los maderos,
que yo espero palpitante.

Carpintero, carpintero,
baja el pino del repecho,
y lo cortas en la rama
que es tan suave cual mi pecho.

Carpintero ennegrecido,
fuiste, fuiste criatura.
Al recuerdo de tu madre,
labras cunas con dulzura.

Carpintero, carpintero,
mientras yo a mi niño arrullo,
que se duerma esta noche
sonriendo el hijo tuyo . . .

Umbral
Arturo Capdevilla

En el umbral sentado
de niño discurría:
en un caballo negro,
una tarde me iría.

Mi madre por la casa
¡cómo me llamaría!
Por la ciudad mi padre
¡cómo me buscaría!

Andando mi caballo
con mucha gallardía,
a no sé qué comarca
sin nombre llegaría.

Una princesa rubia,
rubia me esperaría.
Proezas del camino
sin fin le contaría.

Y como bien se sabe
que la enamoraría,
con ella en una iglesia
blanca me casaría.

Ratón

Marina Romero

Al ratoncito Pérez

El lápiz dijo a la goma
no me borres, por favor
que tengo que hacer las letras
al gran adivinador.

El fuego le dijo al agua
no me apagues, por favor,
que tengo que ir a la fragua
a ayudar al forjador.

El sol le dijo a la luna
no te duermas, por favor,
que tenemos que contar
estrellas al por mayor.

La fuente le dijo al cántaro
no te vayas, por favor,
que tengo que hacerle el agua
al chico del aguador.

El ciervo dijo a la cierva
no te escondas, por favor,
que vamos a jugar juntos
a quien es más corredor.

La veleta dijo al viento
no me soples, por favor,
que los vilanos del aire
se deshacen al albor.

El ratón le dijo al gato
no me arañes, por favor,
que tengo que comprar queso
para dárselo a mi amor.

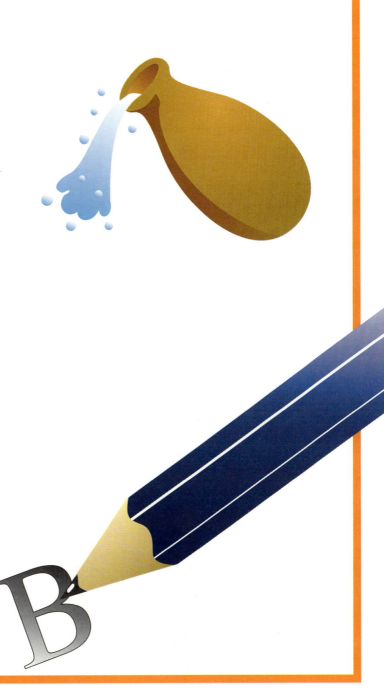

Ya viene el agua por la sabana

Alberto Ordóñez

Ya viene el agua
por la sabana.
Se casa Pedro
con la Estebana.

Desde los lagos
de Nicaragua
—vientos del golfo—
ya viene el agua.

En su campestre
casa de cedro,
esta mañana
se casa Pedro.

Ya la guitarra
del aguacero
le canta a Pedro
bajo el sombrero.

Y al vuelo de oro
de la campana,
se casa Pedro
con la Estebana.

El zope baja
con su sotana.
Ya viene el agua
por la sabana.

Con su jarrito
de café negro,
esta mañana
se casa Pedro.

Clarín el gallo
del gallinero,
la banda anuncia
del aguacero.

Al casamiento
de la Estebana
van los pericos
de la mañana.

Y porque al cielo
le da la gana
ya viene el agua
por la sabana.

Y la tortuga
con los cangrejos
en la tormenta
vienen de lejos.

El chumpe baila
con el ternero
tras la marimba
del aguacero.

Ya viene el agua
por la sabana.
Se moja el velo
de la Estebana.

Baila que baila,
desde el Conchagua,
la lluvia clara
tiende su enagua.

Por su vestido
de limonero
tras la Estebana
van clarineros.

El eco dice,
desde los cerros,
que esta mañana
se casa Pedro.

Al día fresco
de la ventana
sube el aroma
de la mañana.

Ya mayo canta
por la sabana.
Se casa Pedro
con la Estebana.

Novia del campo, amapola

Juan Ramón Jiménez

Novia del campo, amapola,
que estás abierta en el trigo:
amapolita, amapola,
¿te quieres casar conmigo?

Te daré toda mi alma,
tendrás agua y tendrás pan.
Te daré toda mi alma,
toda mi alma de galán.

Tendrás una casa pobre,
yo te querré como un niño,
tendrás una casa pobre
llena de sol y cariño.

Yo te labraré tu campo,
tú irás por agua a la fuente,
yo te regaré tu campo
con el sudor de mi frente.

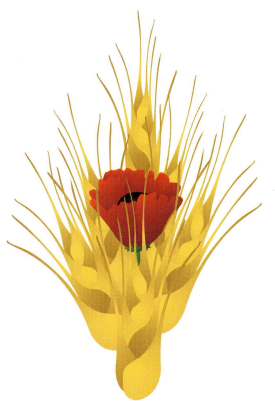

Amapola del camino,
roja como un corazón,
yo te haré cantar al son
de la rueda del molino.

Yo te haré cantar, y al son
de la rueda dolorida,
te abriré mi corazón,
amapola de mi vida.

Novia del campo, amapola,
que estás abierta en el trigo:
amapolita, amapola,
¿te quieres casar conmigo?

OTROS CAMINOS
ILUSTRACIONES DE ADRIÁN RUBIO

Horizonte

Alma Flor Ada

Si llego al horizonte,
llegar, llegar,
dejaré a mi velero,
volar, volar,
olvidando las olas,
espuma, espuma,
iremos cielo arriba,
¡hasta la luna!

Caminante

Antonio Machado

Caminante, son tus huellas
el camino, nada más;
caminante, no hay camino,
se hace camino al andar.
Al andar se hace camino
y al volver la vista atrás
se ve la senda que nunca
se ha de volver a pisar.
Caminante, no hay camino,
sino estelas en la mar.

Mi niña se fue a la mar...

Federico García Lorca

Mi niña se fue a la mar
a contar olas y chinas,
pero se encontró, de pronto,
con el río de Sevilla.

Entre adelfas y campanas
cinco barcos se mecían,
con los remos en el agua
y las velas en la brisa.

¿Quién mira dentro la torre
enjaezada, de Sevilla?
Cinco voces contestaban
redondas como sortijas.

El cielo monta gallardo
al río, de orilla a orilla.
En el aire sonrosado,
cinco anillos se mecían.

GALLO

Marina Romero

A Medio Pollito

En horas de madrugada
me iré,
si quieres venir . . .
voy a contarle los barcos
al río Guadalquivir.

Si las aguas están claras
podré,
si quieres venir . . .
también contarle los peces
al río Guadalquivir.

Si la luna está encendida
veré,
si quieres venir . . .
como le abraza la orilla
al río Guadalquivir.

Y si el viento está caliente
oiré,
si quieres venir . . .
como le cantan los gallos
al río Guadalquivir.

En horas de madrugada
me voy,
si quieres venir . . .
a contarle los suspiros
al río Guadalquivir.

Ronda

Alma Flor Ada

Por el tronco, por la rama,
va lentito el caracol
dejando un rastro de plata
que brillará bajo el sol.

Que brillará bajo el sol
que ilumina la pradera.
El canto del ruiseñor
heraldea la primavera.

Heraldea la primavera
el aroma de la flor
y de la enredadera
el delicado color.

El delicado color
de las ramas florecidas
que prometen el sabor
de cerezas encendidas.

De cerezas encendidas
que brotarán en las ramas
donde deja el caracol
un tenue rastro de plata
¡que brillará bajo el sol!

Tres peces

Marina Romero

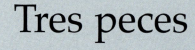

A Pompoff y Teddy

Al aire se marcharon
cuatro palomas,
cerezas en el pico
sol en las lomas.

Al agua se marcharon
tres pececillos,
diamantes en la cola
y en los anillos.

Al circo se marcharon
dos elefantes,
almendras en la trompa
siempre adelante.

Y al cielo se subió
él, mi ángel niño,
montado en una estrella
de azucarillo.

Camino

Carlos Luis Sáenz

CAMINITO trepador de cerros
tan sin gente y tan mío,
que sin puentes, humilde,
pasas descalzo por los ríos;

yo te quiero, caminito cerrero,
cuando, desde la colina última
me echas sobre la frente
el borbollón de la luna.

Yo sé que tiene alas

Rafael Alberti

Yo sé que tiene alas.
Que por las noches sueña
en alta voz la brisa
de plata de sus ruedas.

Yo sé que tiene alas.
Que canta cuando vuela
dormida, abriendo al sueño
una celeste senda.

Yo sé que tiene alas.
Que volando me lleva
por prados que no acaban
y mares que no empiezan.

Yo sé que tiene alas.
Que el día que ella quiera,
los cielos de la ida
ya nunca tendrán vuelta.

Calavera de azúcar

Antonio Ramírez Granados

Calavera de azúcar
corazón de ciruela
risa de campana
rumbita rumbera.

Tarumbé tarumbé
que suene tu muela,
talarán talarán
rumba rumbita
calaca calaquera.

Camina por las calles
con pasitos chuecos
uno para adentro
y otro para afuera.

Rumba rumbita
calaca calaquera.

Calavera de azúcar
calavera de pan
te tiemblan los huesos
de tanto danzar,
"y a la pasadita
tandarín darán".

Cantar a las islas del Caribe
(Zéjel)

Julia Calzadilla

A los niños de estas islas

Van por el Caribe ancho,
todas rodeadas de amigos.

¡Islicogidas de manos
unidas en ese abrazo
que hermana a aquellos hermanos
que hablan idiomas distintos!

El niño hortelano

Concha Lagos

El niño que plantó un huerto,
¡qué sorpresa se llevó!
Manzanas le dio el manzano,
la higuera, higos le dio,
y la parra unos racimos
doraditos como el sol.

El gallo de las veletas

Ricardo E. Pose

El gallo de las veletas,
¿cantó? ¿canta? ¿cantará?
Al gallo de las veletas
¿quién le escuchó su cantar?

Apenas levanta el alba
su luz sobre la ciudad
y las nubes, vergonzosas,
comienzan a sonrosar,
cantan los gallos del mundo,
el pinto y el bataraz,
¡al gallo de las veletas
quién le escuchó su cantar?

Siempre fijo sobre un techo,
gira y gira, viene y va;
mas no abandona su sitio
como el gallo bataraz
o como hace el gallo pinto,
en el campo y la ciudad.

Sólo lo mueven los vientos,
los vientos y nadie más.
O alguna brisa que llega,
saltando, desde la mar.

Es gallo y no tiene plumas
¿alguno lo vio volar?
¿saltar por un gallinero?
¿saltar, correr o brincar,
como hacen el gallo pinto
y el gallito bataraz?
¿Qué gallo el de las veletas?
¿cuándo? ¿cuándo cantará?
¿Qué gallo el de las veletas?
¿cuándo? ¿cuándo volará
como vuela el gallo pinto
o el gallito bataraz?

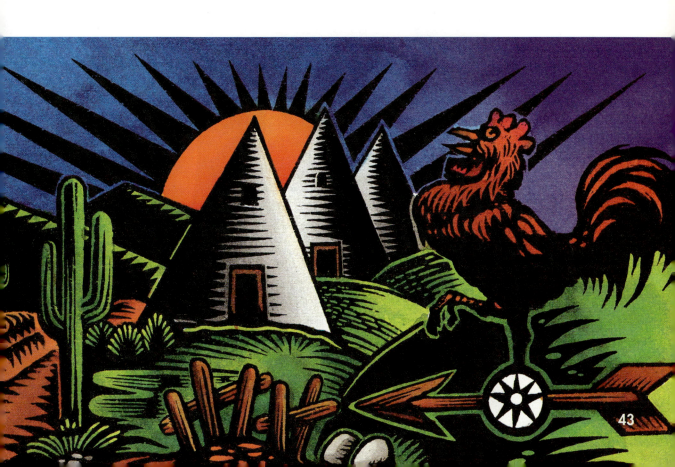

Pregón

Rafael Alberti

¡Vendo nubes de colores:
las redondas, coloradas,
para endulzar los calores!
¡Vendo los cirros morados
y rosas, las alboradas,
de crepúsculos dorados!
¡El amarillo lucero,
cogido a la verde rama
del celeste duraznero!
¡Vendo la nieve, la llama
y el canto del pregonero!

Iremos a la montaña

Alfonsina Storni

A la montaña
nos vamos ya,
a la montaña
para jugar.

En sus laderas
el árbol crece,
brilla el arroyo,
la flor se mece.

¡Qué lindo el aire,
qué bello el sol,
qué azul el cielo:
se siente a Dios!

Está la tarde
de terciopelo;
malva en la piedra,
rosa en los cielos.

¡A la montaña!
Formemos ronda;
ronda de niños,
ronda redonda . . .

La plaza tiene una torre

Antonio Machado

La plaza tiene una torre,
la torre tiene un balcón,
el balcón tiene una dama,
la dama una blanca flor.

Ha pasado un caballero,
—quién sabe por qué pasó—,
y se ha llevado la plaza
con su torre y su balcón,
con su balcón y su dama,
su dama y su blanca flor.

ASÍ SOY

ILUSTRACIONES DE DIEGO ECHEAGARAY

Vaquera

Dora Alonso

Yo tengo un sombrero alón
donde cabe un aguacero,
y botas que reconocen
los caminos del vaquero.

¡Qué bien te sabré domar,
hermoso potro cerrero,
con el fuego de mi espuela
y el ala de mi sombrero!

Corre, potro, corre, corre...
¡ya el potrero te dirá
que son cuatro alas del viento
las patas de mi alazán!

Niños y pájaros

Concha Lagos

Todos los pájaros
quieren ser niños
y jugar en la plaza
dando saltitos.

Todos los niños
sueñan con alas
y volar por el bosque
de rama en rama.

Mi casa
David Chericián

Ricos y pobres,
pobres y ricos

Mi casa no es mi casa,
si hay quien no tiene casa
al lado de mi casa.

Calabaza, calabaza.

La cosa es que mi casa
no puede ser mi casa,
si no es también la casa
de quien no tiene casa.

Galán

Federico García Lorca

Galán,
galancillo.
En tu casa queman tomillo.

Ni que vayas, ni que vengas,
con llave cierra la puerta.

Con llave de plata fina,
atada con una cinta.

En la cinta hay un letrero:
Mi corazón está lejos.

No des vueltas en mi calle.
¡Déjasela toda al aire!

Galán,
galancillo.
En tu casa queman tomillo.

Canto, río, con tus aguas

Rafael Alberti

Canto, río, con tus aguas:

De piedra, los que no lloran.
De piedra, los que no lloran.
De piedra, los que no lloran.

Yo nunca seré de piedra.
Lloraré cuando haga falta.
Lloraré cuando haga falta.
Lloraré cuando haga falta.

Canto, río, con tus aguas:

De piedra, los que no gritan.
De piedra, los que no ríen.
De piedra, los que no cantan.

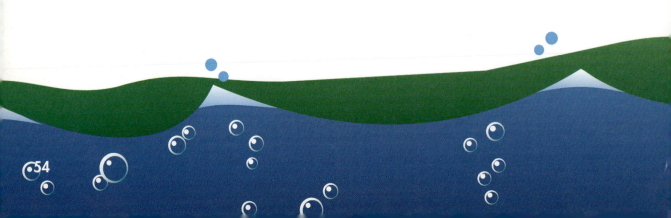

Yo nunca seré de piedra.
Gritaré cuando haga falta.
Reiré cuando haga falta.
Cantaré cuando haga falta.

Canto, río, con tus aguas:

De piedra los que no lloran.
De piedra, los que no gritan.
De piedra, los que no cantan.

Pastoral

Juan Ramón Jiménez

He venido por la senda,
con un ramito de rosas
del campo.
        Tras la montaña,
nacía la luna roja;
la suave brisa del río
daba frescura a la sombra;
un sapo triste cantaba
en su flauta melodiosa;
sobre la colina había
una estrella melancólica . . .

        He venido por la senda,
con un ramito de rosas.

Si yo tuviera un caballo

Concha Lagos

¡Si yo tuviera un caballo!,
me iría de madrugada,
antes de salir el sol,
en la hora más callada.

Si yo tuviera un caballo
le diría: hacia la playa,
por la orilla más azul
donde mi tiempo soñaba.

¡Si yo tuviera un caballo. . . !

A la rosa

Juan Ramón Jiménez

¡Qué mejor oración,
qué mayor ansia
que sonreír a la rosa
de la mañana;
ponernos su alma bella
en nuestra alma;
desearlo todo
con su fragancia!

Este espanto

Juan Ramón Jiménez

¡Este espanto de encontrarme la imagen en el espejo!
Me parece la verdad de ése que me va siguiendo.

Uno que me sigue a mí, ése que ver yo no puedo
sino cuando algún cristal me lo enseña en su reflejo.

Clavo en sus ojos mis ojos, hay un relente magnético
que me enfría penetrándome con el yelo de los muertos.

Tengo miedo de mí mismo, esta imagen me da miedo
y no sabiendo qué hacer me doy a mí mismo un beso.

Aprovechando el espacio

Marco Antonio Montes de Oca

Tocando la tierra a diario
—Al cielo cuando el cielo me da
permiso—
Digo dos cosas:
Hay mucha danza y poca música
Hay mucha música y poca danza.

Y ya que el espacio sobra
Digo otro par de cosas:
El poeta inventa lo que mira
Y va bien
Son otros los que avanzan
En sentido contrario.

El pez tejedor
María Elena Walsh

Al pez, se le antoja
sentarse en la silla.
El agua lo moja
bajo la canilla.

Saca las agujas,
se pone a tejer.
Las ranas granujas
lo vienen a ver.

Al pez, se le antoja
quedarse sentado.
El agua lo moja,
ya está bien mojado.

Abre su sombrilla
de hierba y de hoja,
se sienta en la silla
y el agua lo moja.
Porque se le antoja.

¿Te lo cuento al revés?

Antonio Ramírez Granados

Si te lo cuento primero
o te lo cuento después,
si te lo cuento al derecho
o te lo cuento al revés...

Si tiene sombrero o gorra,
o la camisa de antier,
o un suetercito de lana,
es un cuento lo que ves.

Si tiene el sol en los ojos,
como dos gotas de miel,
si en cambio tiene dos noches
acabaditas de hacer
que gotean estrellas de agua,
es un cuento lo que ves.

Si tiene brazos de paja,
dedos de lazo o papel,
y escribe cuentos y cuenta,
es un cuento lo que ves.

Si te lo cuento primero
de la cabeza a los pies
y si después me arrepiento
y te lo cuento al revés,
es un cuento,
cuento, cuento...

¿Comenzamos de una vez?

Había una vez,
dos veces, tres veces,
creo que —también—
cuatro, cinco, seis y siete...

Había otra vez,
cinco, seis, siete, ocho veces;
a lo mejor
fueron más de nueve o diez...

Barco

Mirta Aguirre

Mi tierra, la tierra mía,
no es isla, es barca varada.

"Porción de tierra rodeada..."
¿Qué sabe la geografía?
Decir isla, es decir nada.

¡Ah, pero el mar noche y día,
la concha tornasolada,
el verdeazul de la rada,
la cresta de espuma fría!
Y la huella enarenada,
y el hambre de travesía,
y, a filo de madrugada,
la pesquería...

"¿Porción de tierra rodeada...?"

Mi tierra, la tierra mía,
no es isla, es barca varada.

MÁS ALLÁ DEL HORIZONTE

ILUSTRACIONES DE JOSÉ ANTONIO HERNÁNDEZ AMEZCUA

Poder
Emilia Gallego

*Se puede,
con el poder del cariño,
hacer un cielo y un niño.*
      JOSÉ MARTÍ

Se puede,
con el poder del cariño:

Ser tomeguín del pinar,
ser papalote y volar,
ser caballo y galopar,
ser cosmonauta y viajar
al espacio sideral.

Con el poder del cariño,
todo se puede lograr.

Azules

Juan Ramón Jiménez

¡Qué hermosa muestra eres, cielo azul del día,
a los despiertos ojos,
de lo despierto!

¡Qué ejemplo hermoso eres, cielo azul nocturno,
a los ojos dormidos,
de lo que sueña!

Cuidado con mi tijera

María Hortensia Lacau

Mi tijera corta papel
y corta aserrín,
corta la miel
y la voz del violín.

¡Tengan cuidado con mi tijera!
¡Corta el invierno y la primavera!
¡Corta el calor y el frío,
la capa de mi tío
y la enredadera!
Mi tijera está loca
y corta todo lo que toca.
Sí, corta todo, todito.
¡Cuidado con mi tijera!
¡Cuidadito!

La montaña
Nicolás Guillén

El ojo no te engaña.
Lo que ves allá lejos
del Sol a los reflejos,
es la montaña.

La mole que se baña
en helada blancura
que todo el año dura,
también es la montaña.

Esa uña, que araña
(como se araña un velo)
el velo azul del cielo,
es la montaña.

Y si herido en su entraña
se alza el mongol y advierte:
—¡Libre vivir, o muerte!,
también es la montaña.

Jugar a saber

Canción sin música para que tú se la pongas

Gloria Fuertes

Jugar a saber
Jugar a saber
Jugar a saber
El porqué del por qué,
El porqué del porque sí,
El porqué del porque no.
Jugar a saber,
Jugar a saber,
Éste es el deporte
Que yo quiero hacer.

Con la raqueta
del poeta
    (escribir una cuarteta)
Con el salto
del atleta
    (llegar primero a la meta)
Con el balón
del corazón
    (¡Meter gol!)
Con la fuerza
de la mente
    (ser valiente).
Y sin el arte
de Marte
    (quererte y amarte).
Jugar a saber,
Jugar a querer,
Éste es el deporte
Que vamos a hacer.

Cuéntico bóbico para una nénica aburrídica

Elsa Isabel Bornemann

Una mañánica
de primavérica
hallé una láuchica
en la verédica.

Era muy rárica:
con dos mil rúlicos
sobre la cárica,
según calcúlico.

En su cartérica
guardaba heládico
de rica crémica
y chocolático.

Jugó a la abuélica,
también al ránguico,
pisa pisuélica
y bailó un tánguico.

Y muy ligérico
se fue en un cárrico
con su cochérico
y sus cabállicos.

No, no es mentírica
—cara de tórtica—
¿No crees nádica?
¡Pues no me impórtica!

La trompeta y la tuba

Jaime Ferrán

Ea,
ea,
la trompeta
que,
de pronto,
trompetea
con su lengua
seca y breve
breve y seca
con la que a toda la orquesta
señorea.
Cuando la música cesa
suena aún,
lejana y terca,
la trompeta.

El retorcido tubo
de la tuba
es como la serpiente
de la
música.
El aire,
en él, se torna flor
oscura
que flota,
que nos llama,
que se escucha
mucho después de haber sonado,
como
si no acabara nunca
el tubo
retorcido
de la tuba.

El color de los sueños

Floria Jiménez

Niño,
tú que conoces
el color
de los sueños,
¿cómo son?,
¿celestes?

¿El cielo
sobre las rondas
con el Ratoncito Pérez?
¿Y la Viudita del Conde?
¿Y Doñana entre claveles?
¿Tu caballito de palo?
¿Y el Cuento de Blancanieves?

Niño,
tú que conoces
el color
de los sueños,
¿Cómo los viste?
¿Son verdes?

¿Son blancos,
pintando nubes,
cuando cabalgas
jinete?

¿Son del color
de la tarde,
cuando el sol
juega
a esconderse?

¿Son del color
de la risa,
que no se mira
y se siente?

¿Son tornasol,
del cristal,
tus sueños,
color
juguete?

Jugando
a que yo lo entiendo,
jugando
a que tú lo entiendes,
¿y el color de los sueños?
¿Rojo? ¿Verde?

¡Que cante, que cante!
Antonio Ramírez Granados

Comenzaré la canción
como si fuera a acabarla:
da acá la mano guitarra,
abre la boca guitarra,
saca la lengua guitarra,
cierra los ojos guitarra,
despierta tu corazón de música
y háblanos con tu dulce palabra
de pájaro y de tabla.

El Reino del Revés

María Elena Walsh

Me dijeron que en el Reino del Revés
nada el pájaro y vuela el pez,
que los gatos no hacen miau y dicen *yes*,
porque estudian mucho inglés.

Vamos a ver cómo es
el Reino del Revés.

Me dijeron que en el Reino del Revés
nadie baila con los pies,
que un ladrón es vigilante y otro es juez,
y que dos y dos son tres.

Vamos a ver cómo es
el Reino del Revés.

Me dijeron que en el Reino del Revés
cabe un oso en una nuez,
que usan barbas y bigotes los bebés
y que un año dura un mes.

Vamos a ver cómo es
el Reino del Revés.

Me dijeron que en el Reino del Revés
hay un perro pekinés
que se cae para arriba y una vez...
no pudo bajar después.

Vamos a ver cómo es
el Reino del Revés.

Me dijeron que en el Reino del Revés
un señor llamado Andrés
tiene 1530 chimpancés
que si miras no los ves.

Vamos a ver cómo es
el Reino del Revés.

Me dijeron que en el Reino del Revés
una araña y un ciempiés
van montados al palacio del Marqués
en caballos de ajedrez.

Vamos a ver cómo es
El Reino del Revés.

Cantata por la paz

(fragmento)

Rafael Alberti

LA PAZ:
¡Paz para todos los hombres!
¡Para todas las mujeres!
¡Paz para todos los niños!
¡Paz y vida para siempre!
¡Alegría!
¡Muera la sombra desde este día!

CORO DE LA PAZ:
¡Paz! ¡Alegría! ¡Alegría!
Extiende el mantel, hermana.
Entre la luz por todas las ventanas,
nazca la nueva rosa en este día.

LA PAZ Y EL CORO:
¡Alegría! ¡Alegría! ¡Alegría!

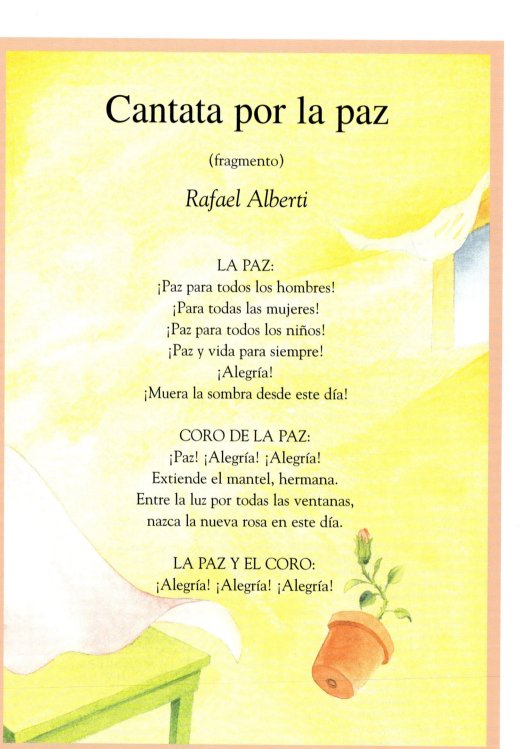

Vesperal

Rubén Darío

Ha pasado la siesta
y la hora del Poniente se avecina,
y hay ya frescor en esta
costa, que el sol del Trópico calcina.
Hay un suave alentar de aura marina,
y el Occidente finge una floresta
que una llama de púrpura ilumina.
Sobre la arena dejan los cangrejos
la ilegible escritura de sus huellas.

Conchas de color de rosa y de reflejos
áureos, caracolillos y fragmentos de estrellas
de mar, forman alfombra
sonante al paso en la armoniosa orilla.
Y cuando Venus brilla,
dulce, imperial amor de la divina tarde,
creo que en la onda suena,
o son de lira, o canto de sirena.
Y en mi alma otro lucero como el de Venus arde.

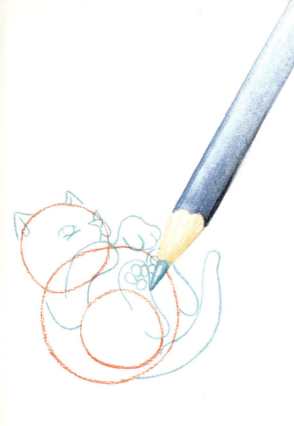

Cómo se dibuja un gato

Gloria Fuertes

Vais a pasar un buen rato
mientras dibujáis un gato.

Para dibujar un gato
se dibuja un garabato.
—¡El garabato ya es gato!—
pero le faltan las cejas,
—oblicuas— y las orejas;
(las orejas son dos triángulos en pico)
y ahora el hocico.

El bigote es importante,
(un gato sin bigote
es como una trompa sin elefante).
(Un gato sin bigote,
es como una jirafa sin cogote).

Los ojitos orientales
(hacia arriba),
Las pupilas, verticales,
las uñas, descomunales . . .

. . . Y hay que repasar el rabo,
—un rabi rabo muy tieso
porque el gato es muy travieso—.

Y aquí tenéis ¡Gato Fino!
El simpático felino,
que es dos veces animal,
porque es GATO y ARAÑA
(¡Qué chiste sensacional!).

NUEVOS PAISAJES
ILUSTRACIONES DE JUAN PABLO HERNÁNDEZ

La exclamación

Octavio Paz

Quieto
         No en la rama
En el aire
         No en el aire
En el instante
         El colibrí.

Pájaro carpintero
Gilda Rincón

Pájaro carpintero,
picamadero,
cuánto me cobra usted
por un librero.

Maestro carpintero,
copete-rojo,
mondador de cortezas,
come-gorgojos,

cuánto por una cama
de buen encino,
cuánto por una silla
de puro pino.

Pájaro carpintero,
sacabocado,
cuánto por un trastero
bien cepillado.

Diga cuánto, maestro,
pico-de-acero,
porque me cante, cuánto,
buen carpintero.

Porque me cante, cuánto,
carpinterillo,
al compás de los golpes
de su martillo.

Canción de la lluvia

David Chericián

Tilín tin tin
tilín tilón,
llueve la lluvia
su canción.

Cuando la lluvia
baña los mangos,
la tierra tierra
se vuelve fango.

Tilín tin tin
tilín tilón,
la lluvia llueve
su canción.

Como la calle
no tiene capa,
la lluvia lluvia
cae y la empapa.

Tilín tin tin
tilín tilón,
llueve la lluvia
su canción.

El arroyo
Emilia Gallego

*¿Qué dice el musgo que brota
por los senderos del agua?*
          MIRTA AGUIRRE

En lo más alto del monte
      nace el arroyo.
A lo más bajo del monte
      viene el arroyo.
Baña el arroyo
      la verde quietud del monte.

Viento ligero
Ida Réboli

Ligero, ligero,
que el viento se lleva la flor del romero.

Ligero, ligero,
que el viento sacude la mies del trigal.

Ligero, ligero,
que el viento marchita la luz del sendero.

Ligero, ligero,
que el viento arrebata la espuma del mar.

Ligero, ligero,
que el viento le empuja la barca al remero.

Ligero, ligero,
que el viento a la nube la invita a bailar.

Las semillas mágicas
Alma Flor Ada

No ha habido cosecha
está seco el campo
no hay agua en el pozo
los tiempos son malos.

La viuda decide
vender la vaquita
le pide a su hijo
la lleve al mercado.

—No hay otro remedio
venderé la vaca
llévatela hijo
a ver cuánto sacas.

Se va Antón al mercado
sin mucho entusiasmo
no es un mal muchacho
pero sí muy vago.

Es vago, no es malo,
no es malo . . . haragán,
no es malo . . . holgazán.

De camino hacia el mercado
un hombre lo ha detenido
de que le venda la vaca
el hombre lo ha convencido.

Se la cambió por semillas
por semillas de colores.
Y le explicó que eran mágicas
y le harían muchos favores.

Antón ha llegado a casa
y viene muy orgulloso.
—Ya vendí la vaca, madre—
le dice el muy perezoso.

Y le enseña las semillas,
el puñado de color.
Y para su madre pobre
aquello es sólo un horror.

—¡Has cambiado por semillas
mi buena vaca lechera!
Apártate de mi vista
que buen castigo te diera.

La madre llena de furia
las tiró por la ventana.
Ambos fueron a dormir
se fueron de mala gana.

¡Qué gran sorpresa tuvieron
a la siguiente mañana!
La planta que había crecido
tapa toda la ventana.

Antón trepa sin pensarlo
por la planta gigantesca
no sabe qué va a encontrar,
¡qué venga lo que aparezca!

¿A dónde llegará el chico?
¿Se perderá entre las nubes?
¿Podrá volver a su casa?
¡Ay, Antón . . . ! ¿A dónde
subes?

II

Antón trepó por la planta
que en las nubes se perdía
y a cada paso que daba
más valiente se sentía.

En lo alto había un país
completamente desierto
y a lo lejos una casa.
Todo lo que cuento es cierto.

Antón tocó a la puerta
un trozo de pan pidió
y la mujer del gigante
enseguida se lo dio.

Mientras Antón lo comía
el suelo empezó a temblar
era el terrible gigante
que se sentía llegar.

—Escóndete aquí en el horno
que si no, te comerá . . .

—Aquí huele a carne humana
mujer, dime, ¿dónde está?
—Lo que hueles es cabrito
que tienes para cenar.

El gigante comió mucho
luego se puso a contar
sus moneditas de oro:
tintineaban al chocar.

Cuando se quedó dormido
Antón decidió escapar
llevándose las monedas.
Su madre se va a alegrar.

Contentos con las monedas,
por varios meses vivieron.
Pero cuando se acabaron,
de nuevo se entristecieron.

Y por la planta de nuevo
nuestro Antón volvió a subir.

Antón trepó por la planta
que en las nubes se perdía
y a cada paso que daba
más valiente se sentía.

Y llegó hasta aquel país
completamente desierto
y caminó hacia la casa.
Todo lo que cuento es cierto.

Antón tocó a la puerta
cuando la mujer lo vio
no quiso dejarlo entrar
por el oro que perdió.

Mientras con Antón hablaba
el suelo empezó a temblar
era el terrible gigante
que se sentía llegar.

—Escóndete allí en la leña
que si no, te comerá . . .

—Aquí huele a carne humana
mujer, dime, ¿dónde está?
—Lo que hueles son las vacas
que tienes para cenar.

El gigante comió mucho
luego se puso a mirar
como su gallina parda
huevos de oro sabía dar.

Cuando se quedó dormido
Antón decidió escapar
llevándose la gallina.
Su madre se va a alegrar.

Contento con la gallina,
por varios meses vivió
pero nuevas aventuras
más tarde Antón reclamó.

Y por la planta de nuevo
nuestro Antón volvió a subir.

Antón trepó por la planta
que en las nubes se perdía
y a cada paso que daba
más valiente se sentía.

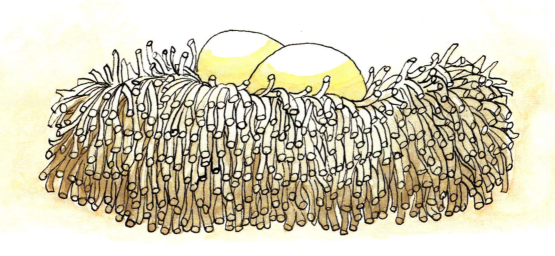

Y llegó hasta aquel país
completamente desierto
y caminó hacia la casa.
Todo lo que cuento es cierto.

Antón tocó a la puerta
cuando la mujer lo vio
no quiso dejarlo entrar;
pero Antón se le coló.

Mientras Antón se escondía
el suelo empezó a temblar
era el terrible gigante
que se sentía llegar.

—Me esconderé allí en la nuez
que si no, me comerá . . .

Por la planta se desliza
 baja,
     salta,
         brinca,
             vuela,
su madre le acerca el hacha,
el muchacho corta el tronco
y bajo el tronco aplastante
queda muerto aquel gigante.

Y desde entonces, Antón
en su casa se quedó
de aventuras se olvidó
y tranquilo disfrutó.

Chirrido de la cigarra
Alma Flor Ada

Chirrido de la cigarra
repe-repe-repetido.
Toda la noche, cigarra,
prima cantora del grillo
para dejarnos saber
que dormimos en tu mundo
libre
oloroso de pinos
esta noche junto al río.

El agua que está en la alberca

Pedro Salinas

El agua que está en la alberca
y el verde chopo son novios
y se miran todo el día
el uno al otro.
En las tardes otoñales,
cuando hace viento, se
enfadan:
el agua mueve sus ondas,
el chopo sus ramas;
las inquietudes del árbol
en la alberca se confunden
con inquietudes de agua.
Ahora que es la primavera,
vuelve el cariño; se pasan
toda la tarde besándose
silenciosamente. Pero
un pajarillo que baja
desde el chopo a beber agua,
turba la serenidad
del beso con temblor vago.
Y el alma del chopo tiembla
dentro del alma del agua.

El río
Cesáreo Rosa-Nieves

Siempre soñando hacia el mar
como una canción de plata,
va cantando en sus cristales
desde la noche hasta el alba:
viene cargado de pájaros,
viene oloroso a montaña:
¡siempre soñando hacia el mar
camino que nunca acaba!

La jirafa
(Giraffa camelopardalis)

Jaime Ferrán

Allá al final del cuello,
¡mira como nos mira la jirafa!
Mira como flotando sobre el aire
se mueve delicadamente
sobre sus patas
delicadas.

Cielo marinero

Ester Feliciano Mendoza

Hoy el cielo se va al mar
vestido de marinero
Pantalón y blusa azul.
Cinta blanca en el sombrero.

El viento lava su cara.
El sol lo besa en el pecho.
Una nube se hace barco,
el horizonte es un remo.

¡Juguetón y rosadito
hoy se va a la mar el cielo!

Mi caballo

Antonio Bórquez Solar

Yo tengo un lindo caballo
que es muy manso y corredor.
Tiene un trote que es muy suave
y un galope que es mejor.

Cuando salgo de paseo
por los campos al redor,
corre y corre el caballito,
corre y corre con ardor.

Por los prados
dilatados,
por las canchas
largas y anchas,
no me canso
con mi manso
caballito de correr.
Por las granjas
salto zanjas.
Sudoroso, no reposo.
La carrera
bien ligera
me da mucho más placer.
Hasta que al fin mi caballo
se baña todo en sudor,
sin que por eso se amengüen
su ligereza y su ardor.

Le sujeto,
cuando inquieto
y de rienda con tremenda
ansia loca,
y en su boca
tasca el freno sin cesar.

Paso a paso
salgo al raso,
y él altivo,
marcha vivo,
alza el cuello
y un destello
audaz tiene en su mirar.

¡Ah qué lindo es mi caballo
que es tan manso y corredor!
Tiene un trote que es muy suave
y un galope que es mejor.

OTRAS EXPRESIONES
ILUSTRACIONES DE JOSÉ ANTONIO HERNÁNDEZ AMEZCUA

Don Quijote

Concha Lagos

Dicen que iba Don Quijote
por Sierra Morena un día.
La Mancha atrás se quedaba,
sus molinos y sus viñas.

Buscando andaba aventuras,
tratando de hacer justicia
y deshacer los entuertos;
los tantos males que había.

Cabalgaba en Rocinante
con Sancho por compañía.
Lejos de su casa estaba
y el cansancio le rendía,
pero seguía adelante
porque la pena valía.

El bueno de Don Quijote
hacer justicia quería
y se lanzó a los caminos
por ver si lo conseguía.

Lavando nubes

Alfredo Mario Ferreiro

El viento está lavando nubes.
Toma una nube negra,
la empapa en lluvia,
la retuerce en seguida,
la golpea contra el molino,
nos moja el campo,
lava el cielo,
y sale la nube blanca,
de negra que era,
para ir a colgarse
en el hilo del horizonte
a secarse.

La gota de rocío
Emilia Gallego

Esta gota de rocío,
yo no sé por dónde vino
pero sí sé que se irá
—aunque se muera de frío—
en la corriente del río
que va camino del mar.

La niña de Guatemala

José Martí

Quiero, a la sombra de un ala,
contar este cuento en flor:
la niña de Guatemala,
la que se murió de amor.

Eran de lirios los ramos,
y las orlas de reseda
y de jazmín: la enterramos
en una caja de seda.

. . . Ella dio al desmemoriado
una almohadilla de olor:
él volvió, volvió casado:
ella se murió de amor.

Iban cargándola en andas
obispos y embajadores:
detrás iba el pueblo en tandas
todo cargado de flores.

. . . Ella, por volverlo a ver,
salió a verlo al mirador:
él volvió con su mujer:
ella se murió de amor.

Como de bronce candente
al beso de despedida
era su frente—¡la frente
que más he amado en mi vida!

. . . Se entró de tarde en el río,
la sacó muerta el doctor:
dicen que murió de frío:
yo sé que murió de amor.

Allí, en la bóveda helada,
la pusieron en dos bancos:
besé su mano afilada,
besé sus zapatos blancos.

Callado, al oscurecer,
me llamó el enterrador:
¡Nunca más he vuelto a ver
a la que murió de amor!

Los pescadores
Juan Bautista Grosso

De madrugada
los pescadores,
en sus barquitos
van a la mar.
Llevan sus redes
y sus canciones
los aguerridos
lobos de mar.

Cuando anochece
llegan al puerto,
vienen cargados
con su manjar.
Corvinas negras,
lisas y rayas,
ostras, merluzas
y mucho más.

Cuando la noche
besa las casas
de la sencilla
gente de mar,
la brisa canta
en las barquitas,
la barcarola
del verde mar.

Vuelo de voces

Carlos Pellicer

Mariposa, flor de aire,
peina el área de la rosa.
Todo es así: mariposa,
cuando se vive en el aire.
Y las horas de aire son
las que de las voces vuelan.
Sólo en las voces que vuelan
lleva alas del corazón.
Llévalas de aquí que son
únicas voces que vuelan.

Limonero

Pedro Juan Vignale

¡Cuántos soles se han quedado
prendidos al limonero,
cuántos soles amarillos
jardinero!

—Para este verano
tú me exprimirás
un sol en el vaso.

Que yo quiero
sorberle,
sobre el campo azul
jardinero,
bajo el cielo verde.

Sinfín

Mirta Aguirre

De la semilla el naranjo,
del naranjo el azahar,
del azahar la naranja.

Y otra vez a comenzar.

En semilla está naranjo,
en naranjo está azahar,
en azahar la naranja
y en naranja —¡maravilla!—
la semilla
de sembrar.

¿Quieres que vuelva a empezar?

Al agua por el agua
Concha Lagos

Al agua por el agua,
¡qué buen destino!
De la fuente al arroyo,
y luego al río.

Agua que aumenta y crece
llega a la playa.
Arena con arena,
la mar salada.

¡Qué buen destino,
al agua por el agua
siempre en camino!

Arrepentimiento

Mirta Aguirre

Recado para Jonás,
recado de la ballena:
que ella tiene mucha pena
por lo de tiempos atrás,
que no se lo va a hacer más,
que es una muchacha buena;
que lo convida a una cena
de olvido y olvidarás;
que le promete, además,
regalarle una sirena.

Recado de la ballena,
recado para Jonás.

Un día una brújula...

Elsa Isabel Bornemann

Un día, una brújula
—que ya era muy viéjula—
chocó con burbújulas
y cayó en mis téjulas.

Prontito, a la bóbula,
metí en una cájula,
y hoy, con su escóbula
yo barro las lájulas.

¡Qué brujita pávula
y conservadórula!
¿Por qué no volábula
en aspiradórula?

Rosa, pompa, risa

Juan Ramón Jiménez

Con la primavera
mis sueños se llenan
de rosas, lo mismo
que las escaleras
orilla del río.

Con la primavera
mis rosas se llenan
de pompas, lo mismo
que las torrenteras
orilla del río.

Con la primavera
mis pompas se llenan
de risas, lo mismo
que las ventoleras
orilla del río.

Cenicienta

Alma Flor Ada

Un mercader quedó viudo.
Quiso una nueva mujer.
Para su hijita pequeña
buena madre podría ser.

La madrastra era egoísta
egoísta y envidiosa
y ella y sus dos feas hijas
maltratan a la niña hermosa.

La obligan a lavar ropa,
a cocinar y a barrer.
Le dan muy poca comida.
(Nada de eso debe ser).

Y como encima de todo
duerme cerca del fogón
la llaman la Cenicienta.
(Esto parte el corazón).

La niña es dulce y sencilla
y no les guarda rencor.
Trata de hacer su trabajo:
cada día lo hace mejor.

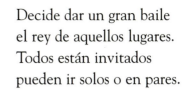

Decide dar un gran baile
el rey de aquellos lugares.
Todos están invitados
pueden ir solos o en pares.

Las dos hermanastras
están encantadas
puesto que al baile
están invitadas.

Se burlan de Cenicienta
y la abruman con tareas.
A pesar de tantas galas
están cada vez más feas.

Cuando parten a la fiesta
queda triste Cenicienta.
Ahogándose con las lágrimas
junto a su fogón se sienta.

Una voz dulce y amable
en la cocina resuena:
—Irás a la fiesta, hijita,
por haber sido tan buena.

Cuando su varita mágica
levanta el hada madrina
apenas en un instante
todo cambia en la cocina.

La calabaza es carroza;
los caballos son ratones;
el cochero bigotudo
lleva dorados botones.

Los lacayos son lagartos
¡quién imaginara tal!
Cenicienta lleva puestos
zapatitos de cristal.

—Acuérdate que la magia
—le explicó entonces el hada—
se acabará al dar las doce,
con la última campanada.

Y Cenicienta fue al baile.
A todo el mundo admiró.
Y el príncipe de aquel reino
de la niña se prendó.

Y cuando dieron las doce
Cenicienta se marchó.
Y el príncipe de aquel reino
decepcionado quedó.

Y para volver a verla
a un nuevo baile invitó.
Nuevamente Cenicienta
en el baile apareció.

Y cuando dieron las doce
la jovencita partió.
El príncipe nuevamente
otra fiesta organizó.

Esta vez Cenicienta
se olvidó de la hora
no es fácil ver el reloj
cuando uno se enamora.

Al oír las campanadas
de la medianoche
Cenicienta corrió
hacia su coche.

Por ir tan de prisa
dejó un zapatito
pero no podía
perder ni un ratito.

No había ni rastro
de la desconocida.
Sólo una niña pobre
despavorida.

¿Qué será de Cenicienta?
¿Seguirá junto al fogón?
¿Y qué será de aquel príncipe
al que robó el corazón?

El chambelán de aquel reino
visitó todas las casas
buscaba a quien le sirviera
el zapato de cristal.

Las dos hermanastras
querían ponérselo
empujaban,
forcejeaban.

Unos pies eran muy grandes
los otros eran muy anchos
a ninguna de las dos
el zapatito le entraba...

Aparece Cenicienta
la llaman sucia criada
pero no hay ninguna duda
ella es la joven buscada.

Y la buena hada madrina
allí se hace presente
alza su varita mágica
siempre radiante y sonriente.

Vestida de seda
queda Cenicienta
y deja de ser
la niña harapienta.

Como además de bella
es dulce y buena
a las hermanastras
perdona sin pena.

Y desde entonces todos
juegan y bailan,
todos en el palacio
sueñan y cantan.